幸運な人の7つの力

THE BOOK OF LUCK
BRILLIANT IDEAS FOR CREATING YOUR OWN SUCCESS AND MAKING LIFE GO YOUR WAY

H・サマーズ＆A・ワトソン
Heather Summers and Anne Watson
山口羊子［訳］

Discover

幸運な人の7つの力

THE BOOK OF LUCK:
Brilliant Ideas for Creating Your Own Success and
Making Life Go Your Way
by Heather Summers and Anne Watson

謝　辞

本書を書くにあたって、
私たちのアンケート調査に回答してくださった
おおぜいの方に深くお礼を申し上げます。
このデータによって、「7つの幸運力」という理論を裏づけ、
本書を生み出すことができました。
またインタビューのために、こころよく時間を割いて、
貴重な考えや体験談を披露していただいた方々にも、
心から感謝いたします。
この調査をはじめて間もなく、だれもが「幸運」というテーマに
想像力をかきたてられることが分かりました。
ぜひとも語ってみたい経験談や知識は
だれにでもあるように思えました。
いただいたEメールやお電話も、
どれもきわめて貴重なお話で、とても感謝しています。
ありがとうございました。

ヘザー・サマーズ＆アン・ワトソン

幸運な人の7つの力

もくじ

第4の幸運力
内なる声の力

第5の幸運力
人間関係の力

第6の幸運力
前向きに考える力

第7の幸運力
自分を知る力

はじめに　「幸運力」を育てよう

ただ待っているだけでは、幸運を呼ぶことはできません。この本を読んで、幸運を呼ぶために必要な力＝「幸運力」を育ててください。今まで不可能だとあきらめていたことを、積極的に実現する考え方を身につけてほしいのです。

あなたのなかには、潜在的な力が開拓されずに眠っています。その潜在能力を掘り起こせば、あなたはもっと思いどおりの人生を手に入れることができるでしょう。

人は幸運であれば成功するし、成功すればそれは幸運のおかげです。

ここでいう「成功」とは、お金持ちになるとか、有名人になるといった「成功」を意味しているわけではありません。この本は「すぐに金持ちになれる」という本ではありません。たいていの人にとっては、お金は目標の一部にすぎません。

成功とは何だろう？

成功の定義は、人によって千差万別です。お金のことひとつとっても、大金持ちになりたい人から、生活できればそれでよいと考える人まで、さまざまな人がいます。

毎日平和に暮らすこと、困難に挑戦し実現すること、幸せな家庭を築くこと、不安を乗り越えること、自分なりに満足した生き方をすること。人によって、さまざまな成功があります。

成功する人は7つの「幸運力」をもっている

「幸運」を呼び、「成功」した人は、どのようにして、そうできたのでしょうか。

この本を書くにあたり、さまざまな「幸運な人」を調査しました（それは、とても刺激的で楽しい体験でした）。

そして、成功している人は、ある共通した「力」を持っているおかげで、他の人がつかまえられない幸運をつかまえていることが分かりました。その力は大きく7つに分類できます。そこで私たちは、その7つの力を「幸運力」と呼ぶことにしました。

あなたの「幸運力」をテストする

14ページの「あなたの幸運力判定テスト」に答えてください。そうすれば7つの「幸運力」の判定結果が出ます。たとえば、6つの「幸運力」は高い得点なのに、ある1つの「幸運力」の点が低ければ、それが「どうして幸運がやってこないのか？」の答えです。

運勢を変えるコツは、まず「自分をよく知ること」です。テストの判定結果で自分のことをよく知ったあとで、この本を読めば、あなたにとって何が大切か、幸運を呼び運勢を変えるためには何をしたらよいかが分かります。

自分の力で幸運をつかむ

一生懸命がんばれば、いつか幸運をつかめる。多くの人がそう考えているようです。

たしかに、うそではありませんが、完璧な正解でもありません。

努力する以外にも、幸運を呼ぶ方法はいくつもあります。「幸運な人」が使っている、人生をみごとに一変させてしまう素晴らしい方法をこれからご紹介していきます。

幸運は、偶然やってくるチャンスではなく、自分で切り開いていくものです。幸運のカギはあなたがにぎっていることを忘れないでください。

次の言葉を読んであなたはどう感じるでしょうか。

・どうして私には、幸運がやってこないのだろう？
・どうして私は、なりたい自分になれないのだろう？
・どうして私は、インスピレーションがわかないのだろう？
・どうすれば、暮らしをもっとよくすることができるのだろう？

・どうすれば、もっとお金が手に入るだろう?
・どうすれば、もっと成功できるだろう?
・どうすれば、もっとよい人間関係が作れるだろう?

このなかに、あなたが共感できるものはあるでしょうか。もしあるなら、この本はあなたの役に立つでしょう。この本を読みすすめて、問題を解決し、幸運を呼ぶ方法を見つけることができるはずです。

あるできごとを、「偶然運がよかっただけさ」などと思っていては、できるはずのこともできなくなってしまいます。

ここが本書のポイントです。ほんの少し考え方を変えるだけで、あなたは変わります。そのためにどれだけ力を注ぐかは、あなた次第です。

将来を思いどおりにすることができたら、どんなにいいでしょう。望みどおりの自分になれたら、どんな気分でしょうか。

望みをかなえる方法はたくさんあるのに、あなたは選択肢をせばめていませんか。いまこそ、もっと広い視野に立って人生をながめるチャンスなのです。

「幸運力」を育てる

あなたが望むなら、本書で人生が変えられることを心に留めておいてください。各章の「幸運力を育てるアイデア」がそのための具体的な方法です。あなたの考え方や行動を大きく変えることで、もっとよい結果が出せるはずです。

「幸運力を育てるアイデア」のなかには、まるで、はるかかなたの橋を渡りにいくように、遠くに感じるものもあるでしょう。ある人にとってごく普通のことでも、別の人にとっては突飛に思えることがあるものです。

でも「幸運力を育てるアイデア」を実践するときは、まずは批判的に物事を見るのをやめて、実践してみてください。試してみると、最初のうちは風変わりで不合理だと思い込んでいた方法で、幸運を呼び寄せられることが分かり、いつのまにか日課となることもあるでしょう。

「幸運力を育てるアイデア」には、さまざまな手段やコツ、テクニックが盛り込まれています。まずは試してみて、運気を高めるのにはどの方法がいちばん効果的か、自分で決めてください。人によって、効果を発揮するものと発揮しないものがあるでしょう。

自分にとって効果のある方法を選べばいいのです。必ず充実した人生と素晴らしい幸運に巡り合えることでしょう。

あなたの幸運力判定テスト

次の42の質問に答えてください。自分に当てはまれば「はい」、当てはまらない場合は「いいえ」に○印をつけます。

迷ったときは、心にぱっと浮かんだほうを選んでください。

1 私はときどき無力だと感じる （はい・いいえ）

2 私が幸運なのは、がまん強く決断力があるからだ （はい・いいえ）

3 私は新しいことにチャレンジし、困難にもうまく対応できる （はい・いいえ）

4 自分の感情を思いどおりにコントロールできない （はい・いいえ）

5 あまり知らない人にでも、気軽に話しかけられる（はい・いいえ）

6 私は楽天家だ。いつもいいほうに考える（はい・いいえ）

7 自分のことは、自分が一番知っている（はい・いいえ）

8 やってみてうまくいかなければ、別の方法でやればよい（はい・いいえ）

9 いつも最後までやり通すわけではない（はい・いいえ）

10 新しいことを試してみるのが好きだ（はい・いいえ）

11 意外なときに新しいアイデアを思いつく（はい・いいえ）

12 初対面の人と知り合いになるのは苦手だ（はい・いいえ）

13 世の中は甘くはない。用心することが大切だ（はい・いいえ）

14 同じミスをくり返すことは、ほとんどない（はい・いいえ）

15 今の私は、これまでの積み重ねの結果だ　（はい・いいえ）

16 ほかの人があきらめても、自分はあきらめない　（はい・いいえ）

17 よく知っている場所にいるほうがいい　（はい・いいえ）

18 自分の「内なる声」を聞いて、落ちこむことはほとんどない　（はい・いいえ）

19 出かけたときは、見知らぬ人ともおしゃべりをする　（はい・いいえ）

20 チャンスがあれば、人は私を利用するだろう　（はい・いいえ）

21 私は生まれつき幸運だと思う　（はい・いいえ）

22 偶然のチャンスだけを頼りにしたくない　（はい・いいえ）

23 うまくいかないときは、別の方法を見つけられる　（はい・いいえ）

24 知らない場所に行くと、わくわくする　（はい・いいえ）

25 偶然には、深い意味があるのではないかと思う （はい・いいえ）

26 ほとんどだれとでも、うまくやっていける （はい・いいえ）

27 たとえ悪いことでも、プラスの面を見つける （はい・いいえ）

28 自分の強みと弱みを知っている （はい・いいえ）

29 同じ条件なら、結果も同じになるものだ （はい・いいえ）

30 途中でやめてしまうと、あとで気になってしかたがない （はい・いいえ）

31 私は偏見を持たずにどんなことにでも耳を傾ける （はい・いいえ）

32 決断するときには、あまり直感には頼らない （はい・いいえ）

33 私は交際範囲が広い （はい・いいえ）

34 たいていの人は基本的にいい人だ。私は人を信じる （はい・いいえ）

35 意見やアドバイスはいつでも大歓迎だ　（はい・いいえ）

36 うまくいかないのは、運命のせいだと思う　（はい・いいえ）

37 状況が厳しくても、必ず解決方法はあるはずだと思う　（はい・いいえ）

38 私の考えに反論する人とも一緒にいたい　（はい・いいえ）

39 いつも常識にしたがって決めるわけではない　（はい・いいえ）

40 人と知り合うチャンスには、できるだけ出席する　（はい・いいえ）

41 むかしの失敗や困ったできごとを、よく思い返す　（はい・いいえ）

42 自分の弱点を直す方法をいつも探している　（はい・いいえ）

＊採点方法

あなたの答えが、20ページの表の答えと同じだったら表に○印をつけましょう。同じ場合は1点、違えば0点です。そして、点数を横に合計しましょう。最高で6点です。

＊採点結果の見方

得点が4点以上なら、その「幸運力」については、すでに十分だということです。

得点が3点以下なら、今までの考え方や行動を変えることで、幸運力を高めることができるということです。今までより幸運が訪れ、成功に恵まれる可能性があると考えてください。

7つの幸運力
合計点

自分で決める力	36	29	22	15	8	1
	いいえ	いいえ	はい	はい	はい	いいえ
あきらめない力	37	30	23	16	9	2
	はい	はい	はい	はい	いいえ	はい
チャレンジする力	38	31	24	17	10	3
	はい	はい	はい	いいえ	はい	はい
内なる声の力	39	32	25	18	11	4
	はい	いいえ	はい	はい	はい	いいえ
人間関係の力	40	33	26	19	12	5
	はい	はい	はい	はい	いいえ	はい
前向きに考える力	41	34	27	20	13	6
	いいえ	はい	はい	いいえ	いいえ	はい
自分を知る力	42	35	28	21	14	7
	はい	はい	はい	はい	はい	はい

第1の幸運力

自分で決める力

状況に支配されるまま身を任すこともできるし、
自らの人生に責任を負い、
人生を内面から御することもできるのだ。

ナイチンゲール

「自分で決める力」で思いどおりに生きる

「自分で決める力」が身につけば「私は、人生を思いどおりに生きている」と感じ、そして「私はなりたい自分に必ずなる」と言えるようになります。自分で納得して、自分なりの人生を選んでいけるのです。

これは、自分の身に起きる出来事を好きに選び、思いどおりにできるということではありません。出来事に「どのように対応するか」を自分で決められるということです。対応の仕方で結果は大きく変わります。幸運をつかめるかどうかも、あなたの対応しだいなのです。

あなたは「言い訳」していないだろうか

思いどおりの人生をおくれない人がいます。自分の将来のためにどうすればよいのかを考えず、新しい方法を積極的に見つけようとしない人です。

このような人は、何かにつけて言い訳をする「木製の足」という心理的なわなにはまってしまいます。

「木製の足」というのは、交流分析の創始者でもある有名な精神科医エリック・バーン博士の言葉です。

人は、自分ができない理由を次のようなことばで「説明」します。

・木製の足でなかったら、あの山に登れたのに
・体力があれば、もっと仕事ができるのに
・もっとお金があれば、幸せになれるのに

・早生まれでなかったら、小学校でもっと賞がとれたのに
・離婚してなかったら、もっといい暮らしができるのに

この例では、いずれの場合も、気持ちが外の状況に振り回されています。できない理由を説明しているように聞こえますが、自分からは何もせずに、そのできごとの影響をただ受けとめているだけです。

それは言い訳？　それとも説明？

次の文章は「説明」でしょうか？　それとも単なる「言い訳」でしょうか？

・あの自動車が突然ブレーキをかけなければ、追突することはなかった
・彼が自分勝手じゃなければ、険悪な関係になることはなかった

・ジムに通うゆとりがあれば、もっとスリムで健康的になれる
・雰囲気が悪い職場のせいでとけこめず、辞めなければならなかった
・彼のせいで腹が立った
・天気が悪いせいで、気分が落ち込む
・彼女のひと言で、自分の能力が劣っていると落ち込んだ
・レストランの食事がまずかったので、その晩が台無しになった
・もう少し健康だったら、もっといろいろなことができるのに
・もっといい学校を出ていれば、もっといい仕事につけたのに
・子どもがいたら、充実感があるだろうに

右の文章は、きちんとした理由をつけて、うまくいかない原因を説明しているように見えます。しかし実際は、すべてを自分以外のせいにした言い訳です。これを読んで、あなたは、どんなときに責任を取り、どんなときに言い訳をしてしまうの

か、パターンを見極めてください。

あなたは魚？　それとも漁師？

「自分で決める」の反対は「なすがまま」です。釣竿で魚を釣り上げた漁師を思い浮かべてください。漁師は魚を弱らせるために釣り糸にかかったまま泳がせます。彼は魚を支配しています。そして魚は無力です。魚は自分ではどうしようもなく、なすがままの状態です。

あなたは、魚になるか、それとも漁師になるかを選択することができるのです。

自分ではどうしようもないときに、どう対応するか？

自分ではどうしようもない出来事は、たくさんあります。偶然だったり、まったく手に負えない出来事もあります。たとえば次のような出来事です。

・死
・地震などの天災
・病気
・テロリストの襲撃
・事故
・泥棒や強盗
・天候
・遺伝
・リストラ、解雇

こうした出来事が起きるかどうかを、あなたが決めることはできません。しかし、どう対応するかは決めることができます。

「幸運」を呼べるかどうかは、あなたが決められない出来事に、あなたがどう対応するかがポイントです。


同じ会社の同僚ジョンとクリスは、会社の経営が苦しくなったせいで、ふたり同時にリストラされてしまいました。

ジョンは、自分の人生を見つめ直すよい機会だと前向きに考えました。そして自宅を仕事場と思って、フルタイムの仕事のつもりで職探しをしました。自分の人生で何が大切かを考え、自分の価値観に合う仕事を探したのです。簡単ではありませんでしたが、5ヶ月後には、望みどおりの仕事を見つけました。今は充実していて、収入も以前と変わりません。

一方、クリスはリストラで打ちのめされてしまいました。ずっと会社のために献身的に働いてきたのにリストラされるなんて、不公平で、自分は被害者だと感じました。最初の1ヶ月間は新聞の求人広告を見て応募しましたが、面接で何回か落とされて、すっかりやる気をなくしてしまいました。履歴書を送る回数も減り、8ヶ月経ってもまだ職に就いていません。先の見通しも立たず、会社を今でも恨みに思っています。

このように、同じ出来事でも、対応次第で、正反対の結果になってしまいます。「自分で決める力」があれば、人生をプラスの方向に変えられるのです。

「自分で決める力」を育てるアイデア

これからご紹介するのは、あなたの「自分で決める力」を育てるために効果のある方法です。あなたがすでに幸運で成功していたとしても、さらに今以上の自分になれると感じているなら、この先も読み進めてください。

これまでは不運なことが多く、人生を変えたいと感じているなら、いまこそ幸運を呼び込むチャンスです。新しい方法を見つけてください。

（アイデア1）　話す前に考える

あとで後悔するようなことを言ってしまった経験を思い返してみましょう。心のなかで再現しながら、後悔した言葉を言う前に、深く息を吸って、次のような言葉を自分に言い聞かせます。

「ストップ！　私の望みは何だろう？　いま、どうするのが、一番よいのだろう？」

（アイデア2）姿勢をよくする

バランスよく、まっすぐに立ちます。そして正面を向いて、にっこり笑います。

この姿勢で、みじめな気分になったり、悲しくなるのは難しいでしょう。

心と身体は共鳴しています。気分がよければ、姿勢もよくなります。逆に姿勢がよければ、気分もよくなるのです。

（アイデア3） 間違いから学ぶ

望む結果にならなかった経験を思い返してみましょう。もしかしたら、逆の結果にできたのかもしれません。どうしたらよかったのかを考えて、ノートに書いておきましょう。そうすれば、必要なときに参考にできます。

（アイデア4） 未来のできごとを映像化する

これから先のできごとを思い浮かべる場合、たいてい悪い想像をするものです。

たとえば、あなたは家族の帰宅が遅いと心配したことはないでしょうか。

「何かよくないことが起こったのではないかと不吉な予感がする。なんども腕時計を見て、窓の外をながめては、携帯電話のメールをチェックし、部屋のなかをうろうろする。やっとドアが開いて、本人が帰ってきたときには、あなたはもうパニック状態で、精神的に完全にまいってしまっている」

心配はただの想像の産物です。この例では、悪い結果だけを考えて、おろおろするばかりで、精神的にもダメージを受けてしまっています。このように想像力の力は大きいものなのです。

この力は、プラスの方向に利用することもできます。気にかかっていることが、うまくいく様子を想像してみましょう。映画監督になったつもりで、自分を主人公にして映画を撮影します。監督はあなた自身ですから、好きなように映画を短縮したり、編集したりもできるというわけです。

では映画の撮影をはじめましょう。画面を思い浮かべ、その画面にあなた自身を映し出します。好きなように、自由自在に演技します。ズームレンズで、あなたをもっとアップにしましょう。そして映像に明るくて鮮やかな色をつけます。

どこかの場面でマイナス思考になったら、頭のなかでテープを巻き戻して、もう一度撮りなおします。そしてハッピーエンドで終わらせます。

映画を撮りおえたら、巻き戻して、もう一度再生し、ハッピーな物語かどうかを確認して、「すごい！」「素晴らしい！」と素直にほめたたえましょう。この映画を、心のなかで何度も再生するとそれが実現するのです。

この方法がうまくいく理由は、心は過去と未来の違いを区別できるわけではないからです。これをくり返せば、未来は必ずうまくいくというプログラムがあなたの神経に組み込まれ、大きな自信が必ずつきます。映像化は、「自分で決める力」を身につけるプラス思考のテクニックです。

（アイデア5）言葉で自分自身をコントロールする

言葉は、他人だけではなく、自分自身をコントロールするのにも役に立ちます。言葉をうまく使えば、幸運を呼び込むことができるのです。あなたが使う言葉は、あなたの思考に影響し、結果も左右します。

幸運を呼ぶために役に立たない言葉があります。役に立たないのに、よく使われる言葉には、以下のようなものがあります。

・私は〜するべきだ
・私は〜するべきだった
・私は〜ねばならない
・私は〜する必要がある

どうしてこうした言葉は役に立たないのでしょう。

「すべきだ」「ねばならない」「必要がある」とは、他人からの命令の言葉です。自分自身で選び、決断する人の言葉ではありません。

右のような言葉を使うかわりに、単純に「私はそうする」とか「そうしない」といった言葉を使えばよいのです。意識的に自分で決めようとしている人は、「私はそうする」「したくない」「そうすることに決めた」という言い方をします。自分が主体となってコントロールすることで、他人の命令から解放されるのです。

これはまた、「〜してみる」という言葉にも当てはまります。「やってみる」ということは、努力が必要なのに、実現するとは限らないという意味です。その言葉のなかには、失敗するという予測も込められているのです。「失敗するだろうけれど〜してみてもらいたい」とだれかに言われたら、あなたは納得できますか。

「自分で決める力」を育てる究極のアイデア

（究極のアイデア1）シュレッダーのテクニック

悩みをシュレッダーで処分しましょう。まず、悩みをメモに書き出します。それをシュレッダーにかけて忘れてしまうのです。シュレッダーを持っていなかったら、細かく破り捨ててしまうか、シュレッダーにかけて悩みが消えてなくなる光景を思い浮かべます。最悪の事態も、こんなふうに忘れてしまうのが一番なのです。大きな不安感や悩みには、シュレッダーの威力を思い浮かべましょう。

〈究極のアイデア2〉　心のスナップ写真

このテクニックを身につければ、思いがけない難題に対応できるようになるだけでなく、不安を取り除き、自尊心を高めることにも役に立ちます。

好きな人の写真を持ち歩いたことを思い出してください。ときどきその写真を取り出して眺めては、素敵な気分になったのではないでしょうか。


心からゆったりした気分のときの自分の姿を思い浮かべます。そのときの感情をじっくりと思い出して、心のなかで再現します。そして、どんなに穏やかな気分で楽に呼吸していたかを思い出し、心地よい気分に浸ってください。

心地よさがピークに達したとき、あなた自身の写真を撮るようにシャッターを押して記憶に留め、心のなかに、写真をしまいます。そして心のなかから写真を取り出して眺める練習を四、五回繰り返します。

思いがけないできごとが起きたりして、ストレスが強くなったときには、このスナップ写真を思い浮かべるだけでいいのです。冷静に「自分で決める力」を発揮できることでしょう。

これがうまくできれば、プラス思考になれることが判明しています。「自分で決める力」を発揮して、困難な状況でも幸運を呼ぶことができるようになるのです。

第2の幸運力

あきらめない力

偉大な業績でもささやかな業績でも、
価値ある業績には、『始まり』、『努力』
そして『勝利』という、
単調な骨折り仕事から成功までの各段階がある

ガンジー

幸運な人はあきらめない

次のものに心当たりはありませんか？

・めったに行かないスポーツクラブの会員証
・新品同様のスポーツ用具
・最近触ってもいない楽器
・ほこりをかぶった釣り竿
・さびついた自転車
・読んでいない本
・新品の絵の具

・本棚に並べっぱなしの料理の本
・空白のままの日記や手帳
・途中でやめた通信教育

考えてみましょう。中途半端に終えたことを、もし最後までやり通していたら、あなたの人生はどんなふうに変わっていたでしょうか。違う仕事で語学力を発揮していたり、優秀なスポーツ選手になっていたり、友人がもっとおおぜいいたり、豊富な話題で人を引きつけていたり、もっとクリエイティブだったりしたかもしれません。自分の思いがけない才能を発見していたかもしれません。

スポーツから学ぶ

スポーツの世界から学べることはたくさんあります。スポーツ選手は「絶好調」

のときに最大限の力を発揮します。そのために、目標をはっきりさせ、根気よくトレーニングし、自分自身を信じて、「絶好調」の自分の姿をイメージします。

２００３年のラグビー・ワールド・カップのヒーロー、ジョニー・ウィルキンソンがドロップキックを完成させるために、明けても暮れても、クリスマス・イブでさえも、練習に励んでいたことは有名な話です。

彼のトレーニングの中心は、成功の瞬間をイメージすることでした。ウィルキンソン選手は、観客のどよめき、気持ちの高揚、そしてチームメートから背中をポンとたたかれて何千人もの観衆が総立ちになって祝福しているイメージを心の支えに、孤独に耐えながら、日々の練習をこなしました。

彼は自分の意志で選んだ成功のイメージに向けて「あきらめない力」を発揮し続けたのです。

すべてを続ける必要はありません。目標を変えたり、歩みを止めたりするのも、いつも自由にしていいのです。続けるのもやめるのも、積極的に選ぶことで、精神的に自由になり、「あきらめない力」を高めることができます。

流れるか、流されるか？

自分の目標や望みがはっきりと分かっていれば、話は簡単です。「好き」だからこそ、それをやり続ける。「人生の目標」だからこそ、「進歩しているのが分かる」からこそ、「楽しい」からこそ、やり続けられるのです。

もしそうなら、あなたは自由自在に「流れて」います。それは、成り行きに身を任せて「流される」よりもずっといいことです。

「流される」のは受け身の対応ですが、目標に向かって「流れる」のは、あなた自身の意志と選択です。反対に、自分の立場を明確にせず、前向きな選択もしないというのは、なまけていることと同じです。分かれ道に来たら、自分の意志で選んで進むほうがよいのです。

あきらめない力のレベルチェック

あなたの「あきらめない力」のレベルをチェックしてみましょう。左の3つの項目のうち、あなたは、どれがもっとも難しいと感じるでしょうか？

・物事をやめること
・物事を続けること
・物事を始めること

「物事をやめること」と回答した人

決心が固く、根気よく続けることを得意とする人です。このタイプの人は、習慣でしていることと、本当にしたいことを見分けることが課題です。「どういう目的でこれを続けているのか？」と自分自身に問いかけることが必要です。適切な理由が見つかれば、そのまま続けてよいのですが、理由が見つからないときは、別の選択肢をもう一度考えてみましょう。

「物事を続けること」と回答した人

「これにこだわり続ける理由は何だろうか？」と自分自身に問いかけましょう。納得できる理由が見つかれば、それが動機となり、最後まで楽になし遂げられるでしょう。適切な理由が見つからなければ、途中で投げ出すのではなく、積極的に、「続けることをやめる」決心をしてください。

「物事を始めること」と回答した人

新しいことを始めることよりも、自分が慣れ親しんだ安心な状況にとどまりたいという欲求が強い人です。いったん始めたら続けることは得意かもしれません。「チャレンジする力」が、高得点になるようにしてください。

「あきらめない力」を育てるアイデア

（アイデア1）別の方法を考える

同じ方法だけ続けていれば、結果も変わらないということを心に留めておいてください。目標を達成するためには、発想を変えて、他の可能性や違う方法を試してみるようにしましょう。

できること／できないこと、好きなこと／嫌いなこと、ほしいこと／ほしくないこと、さまざまな仮定をして考えるとよいでしょう。

〈アイデア2〉 選択する

「これをするのか、しないのか」と自問自答することを習慣づけましょう。物事を成り行きに任せるのではなく、必ず評価し選択する習慣をつけると効果的です。

〈アイデア3〉 情熱を取り戻す

使っていなかったレジャーの道具の山からひとつ選んで、それを最後までやり通してみましょう。

〈アイデア4〉 リストをつくる

終えてない仕事の一覧表をつくり、最後までやり通すものをひとつ選びます。仕事が完了したら、チェックして満足感を味わいます。

（アイデア5）自分にごほうびをあげる

やりたくない仕事を仕上げたら、自分にごほうびをあげると約束します。そして仕上げるたびに本当にそのごほうびをあげるようにしましょう。

（アイデア6）まねをする

人は気づかずに、だれかのまねをしています。他人の言葉づかいや態度、ときには考え方さえも、無意識に影響を受けています。無意識に人をまねるのではなく、意識してまねしてみることでも、自分を変えることができます。

身近な知り合いのなかで「あきらめない力」のある粘り強い人を選んで、思い浮かべます。必ずしもその人のことが好きでなくてもいいでしょう。あきらめないで目標達成するために、その人がどうしているのか、どう感じているのかを想像します。そして自分なりのやり方でまねしてみましょう。その結果は、今までとどんな違いがあるか、確かめてください。

（アイデア7）　5つのステップで決断する

次の質問の（　）のなかに、その後にあげた項目を当てはめて、自問してみましょう。「私の（　）では、何が一番大切だろう？」

・人生
・キャリア

・人間関係
・家計
・健康
・人間的成長

それぞれの答えが出たら、次の5つのステップで目標を書き出してみましょう。

ステップ1　目標をたてる

目標をたてるときには、次の5つのポイントをチェックします。

①シンプルに
くどくどと複雑に書かない。短く、単純に書くことがポイントです。

②あなた自身が本当に望むことを
だれかがあなたに望むことではなく、自分が本当に望むことを選びます。

③すでに実現しているように

今すでに起こっていると思えるように、現在形で書きます。

たとえば「フランス語を流暢に話している」「BMWを運転している」。

④現実的に

あなたにどれだけの可能性があるのか、実現可能性を冷静に判断します。

⑤前向きな言葉で

希望が実現するように前向きな言葉を使います。

「試験に失敗しない」ではなく「試験に合格する」というように。

ステップ2　思い描く

心のなかで目標を思い描きます。あたかも現実であるかのように見えるまで描くことがポイントです。

たとえば田舎に家が欲しいと思ったら、理想の家と庭を思い描きましょう。部屋はいくつ？　窓の雨戸は何色？　となりの家の物音は？　鳥のさえずりやセミの鳴き声が聞こえる？　そして、そこにいる自分の姿を思い浮かべましょう。

ステップ3　出しやすい場所に光景をしまう

写真かビデオのように、その光景を、心にしまっておいて、毎日取り出して確認します。テレビ画面を調節するように、好みの色彩や音色に調整します。思わず引き込まれてしまうほど、感動的な光景にしておきましょう。

ステップ4　すぐに第一歩をふみ出す

目標を達成するための第一歩として、すぐにできることを書き出します。そして24時間以内に実行してください。

ステップ5　ステップ3に戻る

ここまでくると、この方法がうまくいくのが分かります。でも、ここが難しい時期なのです。もし途中で投げ出しそうになったら、次のような方法を試してください。

①目標をもう一度見る

今も本当に望んでいるか、きちんと確かめます。目標に到達できなかったら、どうするか、犠牲を払ってでもやる覚悟があるか、決心を固めましょう。

②未来から現在の自分を振り返ってみる

あきらめたら、あとでどう思うでしょう。未来から振り返ってみて、あきらめたときと、目標をなし遂げた場合の気持ちがどう違うか感じ取ってみましょう。

③信頼できる人物になりきる

あなたが信頼できる人なら、歴史上の人物でも小説の登場人物でもいいでしょう。その人物になりきって、今の立場にいるあなたを見てみましょう。その人物だったら、何をするでしょう。

④壁にとまったハエになる

壁にとまったハエになったつもりで、別の角度で遠くから今の状況を眺めましょう。過去、現在、未来のすべての光景を見ます。新しい見方ができるでしょう。

⑤うまくいった経験を思い出す

逆境にもかかわらず何かにこだわった結果、最後にはうまくいった経験を思い出しましょう。そして、あきらめずにやり通してどんなに嬉しかったか、そのときの感情を呼び起こしてください。

「あきらめない力」を育てる究極のアイデア

（究極のアイデア1）つぼのなかの石

それほど大切なことと思えず、あきらめたくなることがあります。どうしてそうなるのでしょうか？　モティベーションがわかないというのは、自分にとってそれほど重要ではないということです。逆に自分の価値観とあっていれば、強いモティベーションにつながります。

次の「つぼのなかの石」の話を考えてみましょう。

授業中の教師が、生徒の集中力が散漫になっていることに気がつきました。

そこで教師は、戸棚からつぼを取り出し、教壇に置きました。そして、オレンジほどの大きさの石を10個取り出して、丁寧にひとつずつつぼのなかに入れました。石がもう入らなくなると、教師は生徒にこう質問しました。

「つぼはいっぱいですか？」

「はい、いっぱいです」生徒はみな口をそろえて答えました。

次に、教師は砂利が入った容器を取り出しました。そして砂利を石の入ったつぼのなかに入念に詰めこみました。

「さて、つぼはいっぱいですか？」また、教師は質問しました。この段階になると、クラス全体が教壇に注目し、教師が何を確かめようとしているのか、生徒たちは理解しはじめました。

「たぶん、違います」生徒のひとりが答えました。

教師はにっこり微笑んで砂袋を取り出し、つぼのなかに砂を流し入れます。すると砂は石と砂利とのすきまに入っていきました。教師が再び質問します。「つぼはいっぱいですか？」このときにはもう、生徒たちは分かっていました。

教師は水の入ったピッチャーをとって、つぼのなかに注ぎはじめました。

この話のポイントは、あなたの人生における「大きな石」とは何かを考えるということです。夢、人間的な成長、家族、仕事、好きなことをすること、自分のための時間、健康など、さまざまなことが考えられるでしょう。

あなたの人生にも、先に大きな石を入れるのです。あとでつぼに入れようと思っても、石は入りません。砂利や砂を先に入れてしまったら、細かなことに振り回されて、どうでもよいことに頭を悩ますことになります。そして大切なことに時間を使うゆとりがなくなってしまうでしょう。

〈究極のアイデア2〉 終わりから始める

自信をなくしたり、どうしても続けられないときは、もう一度やる気を出すために、次のテクニックを使ってみましょう。

いま取り組んでいることが成功したときのことを、テレビ画面のように思い描きます。大切なのは、自分も一緒に思い浮かべることです。

たとえば、野外パーティを計画していたら、パーティが成功し、出席者から感謝の言葉をかけられている光景を想像します。単純なトレーニングに思えるでしょうが、絶大な効果があります。

〈究極のアイデア3〉 息抜きする

働きすぎると、ときには気分がふさいでしまいます。心も体も疲れてしまうと、「あきらめない力」を発揮することは難しいでしょう。ときには、仕事の手をちょっと緩めることも大切なのですが、これは忘れがちです。

成功をおさめる人は、身体的にも精神的にも息抜きが上手です。くつろいでいると、眠っているときよりも、体に多くのエネルギーが供給されます。研究によれば、20分間の休息をとると、そのあと4時間にわたって頭がさえて、活発に働けることが判明しています。息抜きのために時間を投資するというのも悪くないのです。

第3の幸運力

チャレンジする力

不可能なことをするのはじつに楽しい

ウォルト・ディズニー

チャレンジする心が幸運を呼ぶ

チャレンジの本当の素晴らしさとは、知らない世界で、新たな可能性が生まれるということです。波瀾に満ちた冒険には、勝つ可能性も負ける可能性もあります。慣れた心地よい場所を離れて、違う角度から物事に取り組むからこそ、それまでと違う結果が出るのです。

最近、海外や温暖な南国に家を持つことを夢見る人が増えているようです。統計によると１００万人以上のイギリス人がフランスに不動産を持っています。そして、そのうち少なくとも30万人がじっさいにフランスに住んで、仕事をしたり、子育てをしていることが分かっています。

多くのイギリス人が田園風景や温暖な気候に恵まれた「豊かな生活」にあこがれて、住み慣れたイギリスの家を売却してフランスに引っ越すという冒険をしています。

経済的な問題、言葉の壁、お役所でのわずらわしい手続き、病気、信頼できない建築業者や配管工などさまざまな難題はテレビ番組などでよく知っているのに、どうしてそういう気持ちになるのでしょうか？

新しい暮らしへの情熱、そして困難を克服するという自信があるからです。オリーブ畑やラベンダー畑にあこがれる人は、この他にもさらに100万人はいるでしょう。しかし、多くの人は自分にもできると思っても、いま手にしているものをリスクにさらす覚悟はありません。いったん始めたら、目的を遂げるためになんとかやっていかなければならないからです。

ここで、左のクイズに答えてみてください。

〔クイズ〕

池に浮かんだ丸太の上にカエルが5匹います。そのうち4匹が池に飛び込もうと決心しました。さて、丸太の上に残ったのは何匹でしょう?

〔答え〕

残ったのは、1匹かもしれませんし、あるいは2匹、3匹、4匹、5匹かもしれません。

なぜなら「決心」したあとにはもうひとつのステップ、つまり「行動に移す」というステップがあるからです。4匹のカエルは、池に飛び込もうと決心しても、じっさいに飛び込むかどうかは、まだ分かりません。

チャレンジがチャンスを生む

幸運な人はリスクを取ってチャレンジします。幸運な人とは、池に飛び込むカエルのことです。カエルにとって、もっとも無難で、リスクの少ない選択肢は、仲間のカエルといっしょに丸太の上にいることです。それでもあえて飛び込むカエルが幸運を呼べるのです。

幸運な人は、行動を起こした結果に対して心構えができています。自分の行動が必ずしもうまくいくとは限らないことも承知しています。しかしチャレンジすることで成功するチャンスが増えることも知っています。リスクを取る幸運な人は、次のようなせりふを口にするものです。

「やってみる価値はある」
「どんな最悪のことが起こるっていうんだい？」

「勝つためには、やってみなければ」
「それは、わくわくするね」
「ハイリスクはハイリターン」
「ぜったいに自分は成功してみせる」
「冒険しなければ、得るものもゼロ」
「わくわくしたら、やってみることにしているんだ」
「変化は人生のスパイスさ」

幸運な人は自分を信じています。必ず成功できると信じ、失敗しても、いずれ解決できると考えています。うまくいかなくても、もう一度やってみます。一歩後退することも幸運な人にとっては学びの機会なのです。

他人にどう思われようと気にしないし、批判されても笑い飛ばします。そして、リスクをリスクとも思わず、自然体で行動します。ある人にとってはリスクでも、幸運な人にとっては筋道の通った決断なのです。

どうしてチャレンジするのでしょうか？　それはやってみればうまくいきそうだからです。そう考えると、新たな視野が開け、新しいアイデアが生まれます。新鮮な目で物事を眺め、違う角度から考え、新たな見方ができるようになるのです。

人生というジャングルの新たな道

ジャングルにひとりで暮らし、キャンプ地から川岸まで道を切り開いたと想像してみてください。

それはよくできた道でした。危険なものは取り除かれ、時が経つにつれて道は踏みならされて、さらに歩きやすくなりました。その道を通りさえすれば、びっくりするようなできごとにも合わずに、すんなりと川まで行くことができます。そうして、ひとりぼっちでつらくても、なんとか生き延びていけるのです。

しかし、あなたの知らないジャングルの別の場所には、実は丸太小屋が建てられた開拓地があり、水道や電気も通じ、刺激し合える人たちがいました。

慣れ親しんだ道だけ通っていては、その開拓地を見つけることはありません。見つけるためには、がっかりしたり、驚いたり、危ない目にあったりしながら、新しい道を切り開かなければなりません。

チャレンジは報われます。さらに自信がつき心が広くなって、選択の幅も広がるのです。

「チャレンジする力」を育てるアイデア

新たな考え方や行動をしてみれば、人生に幸運を呼び込む可能性が増えます。しかし、言うのは簡単ですが、じっさい行動に移すのは難しいものです。お薦めのアイデアをいくつかご紹介しましょう。

（アイデア1）「はい」と返事をする

ふつうなら「いいえ」と返事する場面で、「はい」と返事をしてみましょう。研究によれば、新しい習慣を確立するまでには、6週間かかります。一度実行したからといって、すぐに人生が変わるわけではありません。

でも実行してみれば、新しい環境、新しい人びと、新しい考え方、新しいチャンスに触れられます。まずは「はい」と受け入れて、いままでとは違うやり方で、違うことをやってみましょう。

（アイデア2）習慣を見直す

「今日、いつもと違うように過ごすには何ができるか」と自分に質問してみましょう。いつもの習慣を見直して、それを変えるために何ができるか、考えましょう。

あなたが目覚まし時計で定刻どおりにベッドから飛び起きるような、習慣をきちんと守るタイプなら、いつもより30分早く起きてみましょう。事情が許すのであれば、30分遅く起きてもいいでしょう。

（アイデア3）　いつもと違う番組を聞く

歯を磨きながら、ラジオをつけてみましょう。あるいはいつもラジオを聞いているのなら、いつもとは違う局を聞いてみます。朝、テレビを見ないのであれば、テレビをつけてみましょう。毎朝、テレビを見ているのであれば、消してみるのも一案です。

（アイデア4）　新聞を変える

新聞をとっているのなら、それを変えるのもひとつの手です。いつもと違う新聞、むしろ好みでないと思っている新聞を買って、読んでみましょう。逆に、新聞を読むのをやめて、テレビのニュース番組を見るのもよいでしょう。

（アイデア5）交通手段を変える

学校や職場に通う交通手段を見直します。バスに乗ったことはあるでしょうか。あるいは近所の人の車に便乗したことはありますか。車を使う代わりに、少し歩いてみるというのはどうでしょう。

（アイデア6）ルートを変える

政治家になったつもりで、追手の暗殺者をまくために、毎日、違うルートを試してみるというのはどうでしょう。そうすれば目先が変わります。通勤の途中で新鮮な景色や、思いがけない出会いがあるかもしれません。

（アイデア7） いつもと違う話し方をする

職場や学校に着いたら、最初に出会った人にいつもとは違う言葉をかけてみましょう。仕事中はいつものコーヒーではなく紅茶を飲みながら、電話にはいつもと違う応対をしてみます。いつもどう対応しているか思い出してみましょう。受話器をとると、いつでも同じ態度、同じ調子で同じことを言っているのではないでしょうか。

（アイデア8） いつもと違うやり方で昼食をとる

いつもとは目先の変わったものを食べ、めったに会わない人といつもとは別の場所で食事をしてみてください。社交の場を広げて、変化を楽しみましょう。「人間関係の力」もアップして、一石二鳥です。

（アイデア9） いつもと違う連絡方法をとる

友人や家族に連絡をとるのは、どのくらいの頻度でしょうか。1日に、1週間に、あるいは1カ月に何回でしょう。いつもと違うタイミングで、思いがけないときに電話してみましょう。

いつも電話なら、手紙やEメールにしてみます。違うやり方ができるところを見せて家族や友人を驚かせましょう。どんな返事が来るかも楽しみです。

留守番電話のメッセージを変え、ついでに声の調子も変えてみましょう。

（アイデア10） 新しいことを始める

新しいスポーツや行動を試します。たとえば遊園地に行き、苦手な絶叫マシーンに乗って自分をとことん怖がらせ、それでも懲りずにもう1回、乗ってみるとよいでしょう。

生涯学習関係の講座を受けてみたり、今までの自分の興味とは関係のないスクールに参加してみるのもよいでしょう。

求人広告を読んで、少し背伸びが必要な求人に応募してみるというのもよいでしょう。年齢を考えて、思いとどまっていたことにチャレンジしたり、これまで避けてきたことを見つけて実行してみましょう。

（アイデア11） 計画を立てない

計画を立てたり、家計簿や日記をつけたりするのが好きで、期限をきちんと守る。あなたがそういうタイプだったら、それを変えましょう。

買い物メモを持たずにスーパーに行き、休日はきちんと計画せずに、地図にピンを投げて、刺さった場所に出かけてみましょう。いつも時間どおりのあなたが遅刻したら、他人がどう反応するか試してみましょう。のんきな性格になったら、どうなるか試してみるのです。

逆に、もともと無頓着なタイプの人は、日記をつけたり、几帳面で計画性のあるところを見せたりしてみんなを驚かせましょう。

（アイデア12） 演技する

気分が落ち込んでいるときは、自信があって、お金持ちで、成功しているように演技しましょう。筋のとおった手堅いアドバイスにも、あえて従いません。そのせいで状況が悪くなったとしても、いつでも、別の方法でやり直せることを心に留めておいてください。

（アイデア13） 後悔から学ぶ

今までに逃したチャンスを振り返り、どれだけ後悔したかを数えてみましょう。後悔を土台にして決意を新たにするのです。

（アイデア14） 新しい自分になる

鏡を見て、自分がどんなふうに変われるか考えてみましょう。ヘアスタイルや服装を変えたり、メイクを変えるのも一案です。

（アイデア15） 逆のことをする

無意識にしていることをいったんやめて、逆のことを実行してみましょう。

たとえば、

・いちばん忙しい時間にリラックスする時間を取ります。立ち止まって、花や小石、葉っぱなど、何かをじっくり眺めてみましょう。
・右利きなら左手で、左利きなら右手で書いてみます。
・ふだんと正反対のあなたの一覧表をつくってみましょう。

ほんのわずかでも行動を変えてみれば、以前には出会ったことのないチャンスに巡り合えるでしょう。私たちは、ともすれば無難な選択をしがちです。上司が好きではない、長距離通勤にうんざりしている、望みどおり出世できない——でも、変えるにはリスクが大きすぎると思ってしまいます。

解決するのはあなた次第なのに、自分を過小評価して、不満でも慣れ親しんだ今の立場に安住してしまっていいのでしょうか。

「チャレンジする力」を育てる究極のアイデア

（究極のアイデア1） 新たな人間関係をつくる

新しい人間関係を試して、人生に新たなエネルギーを呼び込みましょう。たとえば、自分とは価値観の違う人とつき合って、自分の意見を前面に出さずに、相手の価値観を理解しようと努力してみます。

性格的に話し手になることが多い人は、聞き手にまわりましょう。聞き手になって相手に従うことが多い人は、説得力のある話し方にチャレンジして、自分の考えを相手に理解してもらいましょう。

（究極のアイデア2）　敵を許す

意見が合わず、相性の悪い人のことを考えて、気持ちのうえで許しましょう。そして次に会ったときに、親しい態度をとってみましょう。もしかして、あなたにひどいことをして申し訳ないと思っているかもしれません。

解決していないトラブルがあったら、無条件に謝ってしまいましょう。

定期的に会う人で嫌いな人を思い浮かべましょう。そして、その人を好きになろうと心に決め、好感を持っているかのように行動し、どうなるか成果を確認してみましょう。

（究極のアイデア3）　尊敬する人をまねる

何かにチャレンジして成功した、尊敬できる友人を思い浮かべましょう。難しい決断を迫られたら、その人ならどうするか考えてみましょう。その人に話を聞いてもらい、質問してもらう日を設定してください。

（究極のアイデア4）自分の意見を言う

いつも討論や議論で自分は発言していないと思っているなら、心がけて発言しましょう。自分の意見を率直に語り、存在感を示すのです。説得力のある意見ならば、聞いてもらう権利があるという自信をもって発言します。

（究極のアイデア5）極限を探る

ぎりぎりの状態で生活している人と一緒に過ごし、入念に観察して、意見に耳を傾けてみます。役に立つアドバイスがあれば実行してみましょう。

〔究極のアイデア6〕孫に話して聞かせるつもりになる

孫に経験談を語るとしたら、どんな話を聞かせてあげられるでしょうか。最後に思い切ったチャレンジをして、チャンスをつかんだのはいつでしょう。

80歳の老人になった自分を思い浮かべ、現在の自分を振り返ってみましょう。冒険したことに満足してにっこりと微笑んでいるでしょうか。それとも、成り行き任せにして後悔しているでしょうか。

第4の幸運力

内なる声の力

自分の直感を信じよう。
直感は、
ふつう意識下で蓄積された事実に基づいている

ジョイス・ブラザーズ博士

「内なる声」には必ず意味がある

「内なる声の力」とは、幸運に気がつく、敏感な感性の力です。「ひらめき」の感覚が優れた人の力と言ってもよいでしょう。

あなたの身体から送られるシグナルに耳を傾けましょう。あなたの「内なる声」は、あなたに話しかけ、分かれ道に差しかかったときには、どちらの道を進めばよいか、道しるべとなってくれます。この「内に秘めた力」はあなたにとって、もっとも大切な能力のひとつです。幸運を呼ぶためには、この能力を伸ばす必要があります。

あなたは今までに、「内なる声」を無視したことはなかったでしょうか。「ひらめき」から湧き出した素晴らしい知恵に見向きもせず、人間関係や仕事を先に進めたことがあったのではないでしょうか。

私たちが学校で教わるのは、情報や論理を基準にした決断の方法です。「ひらめき」や「内なる声の力」を強化する方法は教えてくれません。しかし、すべてを論理で決めることはできません。


たとえば、あなたがあるグループのリーダーになったとします。リーダーの力量が試されるのは、判断の根拠となる事例がない場面です。

はじめてのできごとに立ち向かうときには、無数の可能性があって、どれを選ぶのが一番よいのかは、だれにも分かりません。

それでも、そこからひとつを選ぶことがリーダーの役割です。リーダーは判断するための情報がそろっていなくても、「内なる声の力」を頼りに、チームをリードする必要があるのです。

「内なる声」は、無意識でつながっている経験や知性、感覚から成り立っています。だからこそ「内なる声」に耳を傾ければ、情報がなくても、進む方向が分かるのです。

論理と感覚のバランス

はじめて会った人の好き嫌いを、すぐに決めてしまうことは、あるでしょうか。そして、あとでその判断が間違っていたと分かるのは、どのくらいの確率でしょうか。

幸運を呼べるかどうかは、どんな場合にデータやアドバイスに頼り、どんな場合は自分の感覚に従うか、そのバランスにかかっています。すべてデータやアドバイスに頼るのも、反対に、自分の感覚だけで重大な決断をするのも、どちらも賢いやりかたとは言えません。

賢いやりかたとは、自分の感覚に注目しながら、それを支えるデータを探すという方法でしょう。場合によっては、その逆に、データやアドバイスが、自分の感覚と合っているのかを問い直していくこともあるでしょう。

自分の感覚と、論理的な根拠の折り合いをどのようにつけるかによって、結果は異なってきます。「内なる声の力」とは、バランスが重要となる力なのです。

「内なる声の力」を育てるアイデア

これから紹介するトレーニングで、あなたの内面の新たな力を引き出し、幸運をつかみ、望みどおりの人生に近づくことができるでしょう。ただし、このトレーニングを自分なりによく考えもせず、形だけそのまま取り入れるようなことはやめてください。

実際に試してみて、あなた自身がどう感じるかを見極めることが大切です。そうすることで「内なる声の力」は伸びていきます。

（アイデア1） 腕時計を見る

腕時計を手首からはずすか、手でおおって隠してみましょう。そして、その腕時計を想像します。頭のなかで描けたら、実物の腕時計を見て想像とくらべます。どれだけ正確に想像することができたでしょうか。

たいていの人は、それほど正確に思い描くことができないものです。アナログの腕時計の場合はとくにそうです。何もないところに数字を思い描いたり、秒針や日付の枠を見落としたりします。

どうしてそうなるのでしょうか。一日に何回も腕時計を見ているのに、いったいどうしてでしょう。

ふだんあなたは、時刻を知るために腕時計を見ているだけで、細かいデザインまでは気にしません。どこまで詳しく見ているかは、それを見る目的や必然性によっても大きく違います。

よく気がつく人、目配りのきく人は、幸運を見つけるチャンスも多くなります。ふだんからよく気づく力を向上させれば「内なる声の力」も高めることができるのです。

（アイデア2）「内なる声」を呼び覚ます休息

さらに効果的なトレーニングをご紹介しましょう。これは問題を解決したり、なにかを決断したりするときにとくに役に立つ方法です。

このトレーニングには1時間かけてください。だれからも邪魔されないように、必ず携帯電話の電源を切り、他の電話も鳴らないようにします。ラジオもテレビも他のオーディオ機器もつけてはいけません。タバコやコーヒー、紅茶、他の飲み物や軽食も禁止です。

まずはすわります。そして気持ちをすっきりさせて、何も考えないようにします。何かを考えはじめたら、その考えを雲だと思い、どこかに流れていくのをながめて、澄みきった気分にします。

してもよいのは、部屋のなかで場所を変えることだけです。立ったり、すわったり、席を変えたり、窓の外をながめるのはオーケーです。そして時間が過ぎていくのが、どんな感覚かを感じます。感じるだけで、なにかを判断してはいけません。

たいていの人は、このトレーニングを苦痛に感じます。とくに、はじめの30分はつらいでしょう。最初に大切なのはがまんすることです。

だいたい30分が過ぎたところで、たいていの人は素晴らしいことが起こっていることに気づくでしょう。それまで存在さえ気づかなかった自分のなかの一部に触れているのです。つまりあなたの「内なる声」が表面に浮かび上がってきたのです。

1時間もたてば、前よりずっと穏やかでさわやかな気分になり、次のステップがはっきりと分かります。

立ち向かう問題が大きかったり、決断しても結果が出そうもないとき、この1時間のおかげで、その後、後悔したりがっかりしたりすることなく解決できるでしょう。

（アイデア3） 身体に耳を澄ます

良いできごとがあって気分がよかったときのことや、自分が本当に幸運だと思ったときのことを思い出します。そして、もう一度その場面に自分自身を置いてみて、そのとき感じとったものを、改めて感じてみてください。

その感覚が身体のどこにあるかに注目します。それは、ある人にとっては、胸やお腹に感じられる軽くて温かい感覚です。別の人にとっては、身体全体に心地よくしみわたる幸福感のようなものだったりします。ポイントは、その感覚がどこにあるか、言葉で説明できるように、正確に感じることです。

この場所が、自分にとって良いことか悪いことか決める際に、身体のどこをチェックしたらよいかの基準となります。

次に自分で決めたことや、行動したことで、嫌な気分を感じたときのことを思い出します。長い時間かけずに、ほんの少しの振り返りで、その瞬間を呼び起こしてください。そのときの感情を心で感じる時間があれば十分です。

やはり、人によってその感覚はさまざまです。お腹が重く感じる人もいるし、手や足が冷たく感じる人もいます。この感覚はあなたへの警告です。それを感じたら、間違った選択をしているのだと分かるのです（このトレーニングのあとは、楽しい記憶や心地よい感覚を呼び起こしましょう。そうすれば、嫌な感覚を引きずらなくてもすみます）。

これで「内なる声」に気づけるようになりました。適切な決断ができるようになり、幸運を呼び込むことができるでしょう。難しい選択でも、「内なる声」が最善の選択を教えてくれます。

「こっちを選んだなんて、なんと運のいいやつなんだ」と人から言われても驚くことはありません。偶然ではないことは、あなたは百も承知なのですから。

（アイデア4）　身体のメッセージを聴く

身体と波長を合わせるもう1つのトレーニングをしてみましょう。

心のなかで自分自身の身体を思い描きます。まず頭からはじめて、だんだん下に進んでいきます。そして身体の部分ごとに感じる痛み、不快な感覚をメモしてみましょう。

ふだんどれだけ多くの身体の不満を無視しているかが分かって、驚いたのではないでしょうか。

感情と身体の健康の間に明確な関係があることは多くの研究で証明されています。身体が健康でいるためには、苦痛や罪悪感、怒りなどといった否定的な感情に対処する必要があるということなのです。

感情は身体のなかにあり、感情に対応しなければ、時間をかけて体内で蓄積されていくという研究もあります。たとえば、「怒り」の感情は心臓病につながると言われています（もちろん、心臓病患者がみんな怒りっぽいというわけではありません）。怒り・罪悪感・苦痛の感情は、まるで身体の免疫システムをむしばむ腐食物質のように作用することがあるのです。

（アイデア5） 素直に感情をあらわす

自分の気持ちは分かっている。自分の気持ちを伝え、解決を探ることが正しい行動であることも承知している。だが、そうはしなかったという経験はありませんか。相手の気持ちを傷つけたくない、悪く思われたくない、適当な言葉が見つからないなど、理由はいろいろあるでしょう。

理由はなんであっても、自分の感情を抑え込み、解消されないままなので力が出なくなってしまいます。

このパターンを変えるためには、小さなことからはじめましょう。たとえば、いい考えだと思うかと人に尋ねられた場合、そう思っていないのであれば、「いいえ」と答えましょう。童話『裸の王様』で、王様に真実を告げる勇気がなかった町の人びとのようになってはいけません。「王様は裸だ」と言った正直な男の子のように行動するのです。

「内なる声の力」を育てる究極のアイデア

（究極のアイデア1）田園風景のなかを散歩する

散歩しましょう。身近に田園がなければ、公園でも並木道でもかまいません。とにかくひとりで散歩します。人に声をかけてはいけません。通りすがりの風景をひたすら詳細に観察します。立ち止まって花や虫、草木をつぶさに見ます。木の葉や樹皮の手ざわりを感じ、花びらを手にとり、鳥のさえずりに耳を澄まします。いつもは素通りしてしまいそうなものに注意を向けてください。

自然から学べることはたくさんあります。周囲に活発に感覚を働かせましょう。感覚を活発に働かせれば、もっと多くのことに気づくようになります。そうすれば目標達成に役立つものを感じ取る機会も増えるのです。

このトレーニングには、癒しの効果もあります。ストレスにさらされると、人は内向的になりやすいものです。しかし外の世界に注意を向ければ、客観的な見方ができ、否定的な感情を抑え、広い視野で物事が見えるようになります。

（究極のアイデア2） 耳を澄ます

5分間ほど、だれにも邪魔されない時間を作ります。場所は、できれば自然の音が聞こえる場所がよいでしょう。

両足を腰の幅ほどに開いて、背筋をぴんと伸ばして立ちます。ゆったりとした気分を忘れずに。そして耳を澄まして、自分にこう言い聞かせます。

「自分は耳を傾けている」と。

数分間これができれば、気持ちが穏やかになります。

第5の幸運力

人間関係の力

人に好かれることは、
人を好きになることの裏返しである

ノーマン・ヴィンセント・ピール

人間関係が幸運の機会をひろげる

タイミングよく、適切な場所にいれば、幸運にも恵まれます。多くの場所に出かけ、人間関係のネットワークをひろげれば、それだけ多くの幸運に恵まれるようになります。

世界は意外と狭い

イェール大学のスタンレー・ミルグラム博士が1967年におこなった面白い実験の話です。その実験の結果、人から人へ、知り合いを6人たどっていけば、世界中のどんな人にもたどり着けるという結果が出たというのです。

博士は無作為に選んだ300人に、彼らが直接は知らない受取人に大切な手紙を送るよう指示しました。

実験の参加者には、受取人のおおまかな居場所や職業といった手掛かりだけが教えられ、その情報をもとに、目当ての受取人に「より近い」かもしれない人に手紙を転送するよう指示されました。

受取人に手紙が届くまで、これが繰り返された結果、平均6人で手紙が届いたというのです。

ネットワークをつくる

ネットワークづくりとは、出会ったり、知り合ったりする人の数を意識的に増やすことです。そうして人とのつながりに注いだエネルギーが、チャンスとして巡ってくるのです。「チャンスは何を知るかではなく、だれと知り合うかである」という言葉がありますが、まさにそのとおりです。

ネットワークづくりのチャンスをもう一度考えてみましょう。人生のさまざまなステージで、チャンスは無限にあります。年齢ごとに、どこにチャンスがあるか考えてみましょう。

人生が進むにつれて、自分なりの人間関係ができあがってきます。うまくいけば安定したつき合いができますが、ときには代わりばえのしない顔ぶれに不満を持ち、退屈に感じることもあるでしょう。

人間関係は先払い

人間関係とは、何かを人からもらうための手段ではありません。どちらかと言えば、人に与える方法です。見返りを考えずに与えて（つまり、先払いして）はじめて、人から好かれるだけでなく、思いがけない見返りが期待できるというものです。

自分が得することだけを考えて寄生する人は、だれも好きではありません。何かを得たら、その分、何かで貢献しなくてはいけないのです。お返しを忘れてはいけないのです。

与えるものともらうもののバランスが取れなかったら、どうなるでしょうか。意識していなくても、私たちは、「お返しをしない人」を監視しています。

人間関係づくりを成功させるためには、自分が何を提供できるかをはっきりさせることです。きっと、何かしら貢献できることがあるはずです。

「人間関係の力」を育てるアイデア

次に紹介する項目を実践すれば、人間関係を発展させる、最初のきっかけがつかめるでしょう。思い切ってやってみれば、簡単に人間関係づくりができることが分かります。

・1週間に1度、しばらく連絡を取っていなかった人に手書きの短い手紙を送る
・1週間に1度、礼状を送る
・つねに最新の履歴書を準備しておく
・電話で話しているが、会っていない相手と会う約束をする
・Eメールのかわりに、電話をする

・いつもとは違う新聞を読む
・家族全員の名前の入った名刺を作る
・家族を紹介するウェブサイトを開く
・旅先から絵葉書を送る
・いつもは断る招待を受ける
・地元の行事を調べて、参加してみる
・同じ趣味の人とネットワークを作る
・だれかにお世辞を言う
・読書会を始める
・ボランティア活動に参加する
・ＰＴＡや自治会の活動に参加する

さて、次に、社交術を上達させるための素晴らしいアイデアをご紹介します。このような社交術が身につけば、もっと簡単に楽しく有意義な人づきあいができるようになるでしょう。

（アイデア1） 名前を覚える

顔は覚えられるのに、名前が覚えられないという人は多いものです。名前は人を識別するもっとも重要な記号です。どのように覚えたらよいのでしょうか。

まず、人の名前を覚えることは、とても大事なことなのだと自分に言い聞かせます。自分の名前が忘れられたり、間違えられたりしたときのことを考えてみてください。

人の名前を覚えられないことに、つい言い訳をしたくなりますが、それでは、ただの「なまけもの」と変わりありません。努力をしなければ、名前は覚えられません。覚えやすくする方法がいくつかあるので、ご紹介しましょう。

1　繰り返し使う

自己紹介されたら、すぐにその名前を繰り返し使うことです。名前は、使わなければ忘れてしまいます。まずは初対面で知り合ったときに、繰り返して使うことが大事です。

2　ネームプレートを想像する

想像で、その人の頭上にネームプレートを置いてみます。そして、その人の隣で、そのネームプレートを見ている自分の姿も想像してください。

3　似ている人とリンクさせる

紹介されたら、その人と、自分が知っている人物とを心のなかで結びつけます。肩ごしに、知っている人物の顔や身体を思い浮かべましょう。そして、心のなかでその写真を撮影します。次に、その人と会ったときには、その写真を思い起こすことができるでしょう。

4　名前から絵を思い描く

絵を連想させる名前があります。名前と絵を結びつけて、覚えましょう。たとえば、「夜明け」を意味するドーンという名前であれば、夜明けの太陽のような目をした女性が、色鮮やかな美しい日の出を背景にして立っている姿を思い浮かべましょう。

簡単に思い描くことができない名前なら、ユーモアや創造力が少しばかり必要になります。大胆に想像力を働かせると、名前は覚えやすくなるでしょう。

（アイデア2）　相性をよくする

特別な努力をしないで、自然に親しくなることがあります。そんなときは波長が合って、まるでずっと以前からの知り合いだったような気がするものです。めったにないことですが、どうしてこんなことが起きるのでしょうか。それには相性が関係しています。

1　ボディランゲージの相性

話す相手が立っていたら、自分も立ちましょう。姿勢や、両腕と両足の位置を見て、相手に合わせます。背骨の角度や頭のうつむき加減もまねをしましょう。視線は適度に合わせるように。見つめすぎてはいけません。すわる場所も重要です。どんなメッセージを伝えようとしているのかにもよりますが、一般的には、45度で向かい合うのが居心地がよいものです。

2　相手との距離の相性

相手との距離が遠すぎて、気持ちも遠く感じる場合と、近すぎて居心地が悪い場合があります。その間でうまくバランスをとりましょう。ほどよい距離感を保つように心がけてください。

3　声の調子の相性

あなたが早口だったら、ゆっくりと話す相手にいらいらしたことはないでしょうか。逆に、あなたがゆっくり話す場合、まくしたてる相手に急かされているような気分にならないでしょうか。どちらの場合も、ふたりに信頼関係は生まれません。信頼関係を築くには、相手に合わせて話すスピードを変えなければなりません。声の大きさや高低にも、まったく同じ原則が当てはまります。

4　言葉の相性

相手との関係を急速に強めるには、言葉の相性も大切です。相手の言葉づかいに注目して、自分も同じような言葉づかいをします。ただし相手をからかっているような印象を与えないように注意してください。これは話し言葉だけでなく、書き言葉にも同じことが言えます。

（アイデア3） 話題を探す

知らない人とでも、苦労せずに話題を見つけられる人がいます。一方で、共通の話題を見つけるのは難しく面倒だと思う人もいます。そのような人は、おしゃべりなんて退屈で、世間話なんてわずらわしいだけだと考えるものです。あなたはそのタイプでしょうか。もしそうなら、簡単な解決法があります。話し手にまわるのではなく、聞き役に徹するのです。

話を聞くときには、次の2つを実践してみましょう。

第1に、相手の話に興味があるという姿勢をみせること。そして第2に、自分との共通点を積極的に探すということ。多くの人がこのテクニックを試し、その効果に驚いています。退屈な人だと思っていても、急に共通の話題が見つかって、会話が自然にはずむようになり、親しい間柄になれるでしょう。

（アイデア4）名刺で自分の印象を強める

人間関係では、どれだけ相手に強い印象を残すかも大切です。あなたの印象が薄く、覚えてもらえなければ、幸運のチャンスも限られてしまうでしょう。

ビジネスの場では、名刺に多くの情報を盛りこむのも一案です。たとえば、専門スキルの一覧を記載するなどです。写真を載せた名刺も、最近よく見るようになりました。たしかに覚えやすくなります。

（アイデア5）交際を続ける

人間関係のコツは、さらに交流を深める意欲と関心を持って、どんな話題を取り上げるか考えながら、交際を続けることです。

名刺には、記憶の新鮮なうちに、メモしておくとよいでしょう。時間が経って、束となった名刺を何度眺めても、どの人がだれだったか、どこで知り合ったのか思い出せないものです。何か送ると約束しておいて、メモをしなかったために忘れてしまうこともあります。

上手な人間関係づくりに近道はありません。やり甲斐のある仕事だと考え、あなたにとって大切なほかの目標と同じように熱心に続けていく必要があるのです。

「人間関係の力」を育てる究極のアイデア

（究極のアイデア1）　人生のステージ

数分間、だれにも邪魔されない時間と場所を確保してください。そして小さな舞台を思い浮かべて、次の順番で、何人かの人をその舞台の上にのせてみてくださ い。

1　両親

2　兄弟、姉妹（あるいはあなたにとって兄弟や姉妹のような人）

3　叔父、叔母、従兄弟（あるいは、あなたにとって叔父や叔母のような存在の人）

4　友人（現在の友人、旧友）、幼なじみ
5　昔の恋人、元配偶者
6　先生、上司（権威のある立場にいる人）
7　同僚、仕事仲間
8　あなたが舞台にあげるべきだと感じる人。協力してほしいのに、あなたを支えてくれていない人

まず登場するのは、両親です。両親が舞台にあがる場面を思い浮かべましょう。そして両親に次の質問をします。

「私がベストな状態で、最高に能力を発揮するために、喜んで私を支えてくれますか？」

答えが「はい」ならば、舞台に上がって両親に感謝し、両親が立ち去る様子を思い浮かべます。答えが「いいえ」ならば、舞台の上にとどまるように両親に頼みま

しょう。

続けて、舞台に招いた人全員に対して、同じことを繰り返します。終わった時点で、舞台に残った人を思い描いてみましょう。

こんどは、あなたも舞台に上がり、銀色の糸でその人と結ばれている場面を想像します。一人ひとりに向かって「許してあげます。私たちの不本意な関係を断ち切りましょう。これで、私たちふたりとも、自由になり、ベストを発揮できます」と語りかけます。そして糸を切って、その人が消えていくのを眺めましょう。

さあこれで、あなたは新たな自由を獲得したのです。

（究極のアイデア2）　呼吸を合わせる

だれかに見られている気がして、首すじの毛が逆立ったという経験はないでしょうか。なぜだか、だれかに見られているときは分かるものです。見られて心地よいかどうかによって、好意を持たれているかどうかも分かってしまいます。

「思考は、エネルギーを生む」のです。この原則を活用するために、まずは実験してみましょう。バスか電車で、あなたの前にいるだれかの背中か後頭部をじっと見つめます。そして、前向きなことを思い浮かべます（そうすれば、その人にとってもよい経験になるのですから）。

息を吸ったときに肩がわずかに上がるのを観察し、相手の呼吸に自分の呼吸を合わせてみましょう。どのぐらいの時間で相手が振り向くでしょうか。この実験に集中できる場所なら、喫茶店やバー、レストランでも試すことができます。

次に、パーティなどで同じ方法を試してみます。知り合いになりたい相手に的を絞り、肩の動きを見て、呼吸のペースを観察します。人目につかないように数分間、相手に集中し、それから、近づいて自己紹介するきっかけを作るのです。すぐによい関係が築けるでしょう。

第6の幸運力

前向きに考える力

目に見えているものは、
手に入るものである

「前向きに考える力」とは何か

人生観を調べるための、有名なテストがあります。

コップに半分の水を入れて、その状態を表現します。あなたは、コップには水が「半分も入っている」と表現するでしょうか、それとも「半分しか入っていない」と表現するでしょうか。

どう表現するかで、人生をどのように見ているかを言い当てることができます。

アインシュタインの教え

アインシュタインは、「前向きに考える力」について深い考えを持っていました。

彼は、人類へのあらゆる質問のなかで、どんな質問がもっとも重要かと聞かれて、次のように答えました。

「宇宙は友好的な場所か、それともそうではないのか、という質問です」

宇宙が友好的な場所だと思えるならば、人生で出会う、さまざまなできごとや人びとを好意的に信じることができます。前向きな将来のビジョンを持って、すべてはうまくいくと信じられるということです。

自分と他人を信じ、明確な目標や、はっきりした将来のビジョンを持てば、よりよいスタート地点に立つことができ、さらに幸運に恵まれるでしょう。

もちろん、人に裏切られることもあります。必ずしも思いどおりにいかないで、失望することもあるでしょう。「前向きに考える力」とは、そうしたできごとも含めて、さまざまな機会を最大限に活用できる能力です。最悪の事態ばかりを予測し、悲観的に見れば、現実にも最悪の事態や悲観的な結果を招いてしまいます。

それだけでなく、すべてが順調なときでさえ、人生の喜びや感動を味わえなくなってしまいます。

予言の自己成就

否定的なイメージは否定的な結果を引き起こします。これを心理学では「予言の自己成就効果」と呼びます。

人が信念を持ってある予測をします。そうすると、その人はその予測を信じて行動します。信念にしたがって行動するので、予測どおりのことが、高い確率で現実に起こります。その結果、その人の信念は、さらに強化されていきます。

肯定的なイメージは、いかに重要か

私たちの心は、イメージを描きたがるものです。自分に都合よいイメージを描くこともできるし、逆に自分が不利になるように描くこともできます。

心には、現実と想像の違いが分かりません。イメージでも真実であるかのように心に作用します。心はイメージと合わない情報は取り除き、イメージどおりの情報だけ取り込みます。

気の進まないイベントに参加した経験を思い出してください。たとえば、面倒なミーティングへの出席、親戚を訪ねたり、パーティで5歳児を20人も世話したり……。考えただけで苦手意識が浮かびあがります。

こうして前もって心に描いたマイナスイメージが現実となってしまうことは少なくありません。まるで自分が思い描いたイメージを現実化させてしまったかのようです。

口に出したことがそのとおりに現実になる「予言の自己成就効果」によるものです。もう少し分かりやすい例で、予測がどのように現実になっていくかを考えてみましょう。

転職についての例です。同じ人がまったく同じ状況で違うイメージを持ったと考えてください。

まずはマイナスイメージを持っている場合です。

彼は、自分には運がないから、理想的な職場に転職なんてできそうもない、と考えました。そうすると、過去の失敗をいろいろ思い出します。そして以前にうまくいった記憶にはフタをしてしまいます。

どうせ応募しても無駄だと思い、転職活動もしません。あるいは、履歴書を書いても、失敗すると思っているので、魅力的な履歴書が書けず、面接までこぎ着けられません。あるいは、面接しても最初から負け犬のような態度をとってしまい、不採用になります。

そして彼は、この経験は失敗だったと考えます。「やっぱり自分の思ったとおりだ」というマイナス方向の満足感を得てしまうのです。


つぎに肯定的なイメージを持っている場合を考えてみましょう。

彼は転職先を見つけると「自分は本当に運がいい。そのつもりになれば、あの職につけるチャンスがある」と思います。そして、過去に思いどおりになったことをたくさん思い出します。これまでの失敗を思いだし、教訓として今回の就職に役に立ちそうなことを調べます。

彼は、自分のイメージに従って、たっぷり時間をかけて入念に履歴書を書き、質問を想定して、きちんと答えられるように練習し、面接に備えます。前向きな気持ちで面接に臨み、自分は人よりもチャンスに恵まれていると自分に言い聞かせます。

そして彼は就職ができたら、素直に喜びます。失敗しても、ベストをつくしたことに満足し、今回の経験は、次回に向けて役に立つと考えます。

自分に優しく、他人に優しく

自分を好きになって、自分に優しく語りかけることは大切です。自分を肯定し、ポジティブに話す人は、自分に厳しくむち打つ人よりも成功します。これは研究でも判明しています。自分に厳しい人が、同じように他人に接したら、友人はひとりもいなくなってしまうでしょう。

歌手のクリント・ブラックが歌う「どこに行こうと（Wherever You Go）」という歌には次のような歌詞があります。

自分から逃げようとしても、遠くには行けない

薬に逃げ込むことはできる
でも、どこに行こうと、自分からは離れられない

また、不思議なことに、自分に言い聞かせることと、他人に言うことも、心は区別できません。奇妙な真実です。だれかのことをわがままで頑固だと言うのは、自分にそう言っているのと同じ効果があるのです。

だからこそ他人に好感を持ち、よい面を見つけ、よい解釈をすることが大切なのです。批判するのではなく、長所を探す。そうすることで、あなたに自信がつき、幸運な人と同じように行動できるようになるのです。

「前向きに考える力」を育てるアイデア

アイデア1　「幸運を招く言葉」を使う

人はみな、とくに意識せずに言葉を使っています。必ずしも慎重に言葉を選んでいるわけではありません。言葉を選んで「前向きに考える力」を高めるように使ってみましょう。

《物事がうまくいかないとき、自分に問いかける言葉》

・この人の良い面は何だろう

・これには、ほかにどのような意味があるのだろう
・このことから学べることは何だろう
・次回はどうすればよいだろう

《物事が順調に運んでいるときに、自分に語りかける言葉》
・そう、これが私だ！
・私なら当たり前だ！
・たくさんのいいことが起こって、素晴らしい！
・自分はほんとうに運がいい
・よい望みはきっとかなう
・こんなに人を信頼できるなんて、すごい

以上は、素晴らしい反応です。低い自己評価に慣れて、「それはまぐれだ」とか

「うまくいくとはとても思えない」とつい口に出してしまう人は、意識的に「幸運を招く言葉」を使い、「前向きに考える力」柔軟性を高めましょう。

アイデア2 リフレイミングする

リフレイミング（再構成）とは、「前向きに考える力」を高めるスキルです。たとえば、軍隊で将軍が兵士をやる気にさせようと、こんなふうに声をかけることがあります。

「われわれは撤退しているのではない。別の方向に前進しているのだ！」

リフレイミングというのは、このような物の見方です。「コップに水が半分しかない」というのを「コップに水が半分もある」ととらえることです。

こうすれば問題が違って見えてきて、気持ちもずいぶん楽になるでしょう。気持ちの持ち方しだいで、結果が変わり、人生も左右されます。きわめて簡単なことですが、同時に、かなり難しいことでもあります。

これから、リフレイミングのスキルを使う実践的な方法をふたつ紹介しましょう。

方法1　小さな問題を楽しく解決する

リフレイミングには、ユーモアが必要です。このスキルで、現状を明るいものにする愉快な方法を紹介しましょう。これは、他人にも、自分にも応用できます。

ジョナサンがこう言いました。

「ぼくは、いつも両肩を丸めて地面を見ながら歩いているんだ。まるで世界中の重荷を両肩に背負っている気分なんだ」

リフレイミングのスキルを使って、見方を変えてみましょう。

・それは便利じゃないか。落っこちているお金を見つけられるんだから
・それはいいね。犬のフンを踏まないですむよ！
・ラッキーだよ。だって、社会の窓を開けたままで、歩き回らなくてすむからね！

ジョナサンをおおいに笑わせたのは三番目のジョークでした。ジョナサンは、これまで問題を笑い飛ばしたことなどありませんでした。おかげですっかり気分がよくなり、肩にのしかかった重荷がとれた気がして、問題にも対応できるようになりました。

方法2　深刻な問題を解決する

リフレイミングのスキルは、深刻な問題に対処するのに適しています。単純なポジティブシンキングの訓練ではありません。現実的に、生活の質を向上させられる方法です。

あなたが直面している問題や困難を書き出してみましょう。そして、次のような質問を投げかけて、その答えをリストにしてみるのです。

・これには、ほかにどんな意味があるだろう？
・これは、ほかにどんなふうに見えるだろうか？
・この状況のメリットは何だろう？
・これは、どんな状況なら、役に立つだろう？
・1週間（1カ月／1年／10年後）後に、どんな愉快なことがあるだろう？

あなたにとってもっとも役に立ちそうな質問はどれか分かったら、書き留めておいて、「前向きに考える力」がどのように変わっていったかチェックしてください。

〈アイデア3〉 目標を達成したイメージを描く

偉大なことをなし遂げるためには、
行動するだけでなく、夢を抱かなければならない。
計画するだけでなく、信じることが大切だ
――アナトール・フランス

目標を心の中ではっきりと描きます。さらにその目標を達成したイメージを描いてください。目的地に到達するために行動を起こし、旅に出発し、まるで魔法のようにチャンスが訪れはじめ、人があなたを見て、なんて幸運なんだと言う。そこまでをイメージするのです。

実際にあなたは引き寄せられるように目的地に向かうでしょう。まっすぐな道のりではないかもしれませんが、望まないものからは遠ざかり、望むものに向かって突き進みます。たまたまだれかが解決してくれたり、あなたが必要なものを持っていたりもするでしょう。

それは偶然でしょうか。いいえ、違います。あなたはそうなるイメージをはっきりと思い描いていたのです。「前向きに考える力」のきわめて効果的な面を活用したということなのです。

（アイデア4） 1日を思い描く

毎朝、出かける前にその日1日、あるいはその日から1週間を思い描き、その間に何を達成しようか、考えてみましょう。そして、これから起こりそうな素敵なことを思い浮かべましょう。あなたを含めて、できるかぎり最高の状態にある人たちを想像してみましょう。

（アイデア5）人の長所をリストアップしてみる

よい関係を保たなければならない相手なのだけれど、どうも相性が悪いという人を選びます。親、兄弟姉妹、同級生、会社の同僚、取引先、先輩や上司などがあげられるでしょう。その人の長所をリストアップしてみましょう。そして新しい見方で長所を見るように心がけましょう。

（アイデア6）願っていることをリアルに思い描く

私たちの心には、想像上のできごとと現実のできごとの違いが分かりません。レモンの実験で証明してみせましょう。

レモンを思い浮かべます。心のなかでナイフを取り出し、レモンを2つに切ります。そして半分に切ったばかりの汁がしたたるレモンをかじってみましょう。口のなかでよだれが出たでしょうか。どうしてでしょう？

たとえ想像だけでも、心のなかではっきりと見えると、まるで思い浮かべたイメージが本物であるかのように身体が反応します。このことは人生と密接な関係がある事実です。

レモンを見たときのように、実際に起こってほしいと願っていることを鮮やかに思い浮かべましょう。

たとえば、マラソンを完走する、就職する、出世する、ビジネスを立ち上げ成功する、不安を乗り越えるなど何でもいいのです。

心のなかで繰り返し思い浮かべます。すでに成功したことのように、リアルに思い描きます。

次は、外に出てふつうに行動すればいいだけです。目標に至る道が目の前に開けることはもう分かっているのですから。

（アイデア7）自分がどんな人物なのかをはっきりさせる

自画像を描き、その絵に「私は〇〇です」というラベルをつけましょう。「私は社会人です」などと、分かりきったラベルだけでなく、もう一歩踏み込んだラベルを考えてみましょう。あなたはどんな人に生まれついたのでしょうか。

私たちが調査した幸運な人たちは、自分がだれなのか、そして何が得意なのか、はっきりした答えを持っていました。

また、どんなラベルをつけたとしても、あなたはそれ以上の人物であることも心に留めておきましょう。

「前向きに考える力」を育てる究極のアイデア

（究極のアイデア1）「魔法のメガネ」で物事のよい面を見る

魔法のメガネを持っていると想像してみましょう。朝になったら、その魔法のメガネをかけます。あるいは、物事を前向きに考える必要があるときは、いつでも、このメガネをかけることにします。

たとえば、何もかもがうまくいかず、つらいときでも、この魔法のメガネをかけると、そこにあるよい面が見えてくる。そんな魔法のメガネです。

未来のはるか遠いところから、どんなふうに見えるか、眺めてみるのもいいでしょう。

この訓練で「前向きに考える力」が高まります。

（究極のアイデア2） 日記『わが道を行く』をつける

ノートを買って、名前をつけましょう。その名前は日記『わが道を行く』。

そして毎日、一日の終わりに、気に入ったこと、順調にいったこと、前向きな経験を少なくともひとつ簡単に書き留めましょう。

ベッドに入る前に、日記『わが道を行く』の前のページを読めば、前向きな気持ちで眠りにつくことができます。

（究極のアイデア3） 新しい見方を身につける

さまざまな見方をすることのメリットを体験してみましょう。

まず、あなたが不満に感じている相手のことを考えてみます。そして次のステップで、相手と自分自身についての認識を変えていきます。

1　床に座布団か、布を3枚置いて、「自分」「相手」「立会人」と名前をつけます。

2　「相手」に向かって「自分」の座布団の上に立って、「相手」に何と言いたいか考えます。そして、場所を移動して向きを変えます。

3　「相手」の上に立ち、「相手」が「自分」を見ている姿を思い浮かべます。「相手」は「自分」に何と言いたがっているでしょう。

4　「立会人」シートの上に立ち、「自分」と「相手」を見てみましょう。中立的な立場から、何が起こっているのかを注意して見ます。どちらの味方にもなってはいけません。ここは、客観的な評価を下す場所なのです。「立会人」シートに立って、何かの感情に気づいたら、その感情が「自分」あるいは

「相手」のどちらかの味方になるものかを確認します。「立会人」は中立的な立場でいなければいけないからです。

5　もう一度「自分」シートに戻ります。それぞれの立場について、十分理解が深まるまで何度も同じことを繰り返します。

6　それぞれの立場が分かったところで、これからどうするか決めましょう。

〈究極のアイデア4〉絶好調トレーニング

この訓練は、いままで気づかなかった、あなたのなかの感覚を呼び覚ます方法です。

勉強やスポーツをしていて、時間を忘れるほど集中した経験を思い出してください。そんなときあなたは、一点に集中しながら、同時に広い視野でものごとを見ていたのではないでしょうか。これから学ぶ「黒い点」のトレーニングは、そうした状態を意識的に作り出す方法です。

試験を受ける、面接に行くなど、ベストコンディションが必要なとき、このトレーニングを積んでおけば、偶然を頼りにせず、より良い自分になって幸運を呼び込むことができるでしょう。

1　楽な姿勢で前を向いて、「黒い点」を思い浮かべます。目の高さより少し上ぐらいがちょうどよいでしょう。
2　「黒い点」を見ましょう。心を解放し、注意をすべてそこに集中させます。
3　しばらくすると、「前向きに考える力」が高まり、周囲がよく見えるようになってきます。「黒い点」の中心だけでなくもっと広い視野でたくさんのものが見えてきます。
4　「黒い点」に集中しながら、同時にさらに広い視野を見てみましょう。
5　深呼吸をして、ゆったりします。この状態になれば、これまでほかの思考が邪魔をして得られなかった情報を入手できる能力が開花します。

このような状態になると、脳に新しいクリエイティブな回路が開かれ、直感を活用して楽に考えられます。この状態で神経質になることはあり得ません。

あなたは、もう二度と神経質になる必要はなくなったのです。

第7の幸運力

自分を知る力

おお、ある力が授かれば、他人が自分を見るように、
自分自身を見られるようになるだろう

ロバート・バーンズ（スコットランドの国民的詩人）

「幸運力」を支える「自分を知る力」

「自分を知る力」は、あなたの「幸運力」を支える力です。「あきらめない力」を発揮して、取り組み続けたことが、あなたに才能のない分野だったら、最後には、どうして時間を無駄にしてしまったのかと首をかしげることになるでしょう。

この章をきっかけに、あなたの中心となるスキル、才能、情熱、夢がどこにあるか、どこで幸運を見つけられそうか、を考えてください。

あなたが気づいていない弱点を知っておくこともポイントとなります。「自分を知る力」は、あなたの能力を最大限に伸ばし、幸運を呼び込む役にたつでしょう。

気がつかない弱点

人はみな、自分のことはよく知っていると信じているものですが、はたしてそれは正しいのでしょうか。

あなたは自分自身の弱点をチェックしているでしょうか。ときにはだれかに意識のズレを指摘してもらい、自分の弱点を知る必要があります。これには勇気がいるものです。まずは心から信頼できる人の意見に耳を傾けてください。

弱点のなかには、以下のような項目が含まれます。

・人の話を聞くスキル
・時間管理力
・常識
・伝える力

・判断力
・決断力
・論理的に考える力
・共感できる力
・適応できる力

自分の個性的な筋を通すために

ブラックプール・キャンディ（注：イギリスの金太郎飴）は、棒の形のアメのどこを切っても「ブラックプール」という文字が書かれているのが特徴です。

つまり、はじからはじまで、「ブラックプール」という一本筋がとおった個性があるのです。あなたには、どこを切っても変わらない個性的な筋が一本とおっているでしょうか。

自分をよく知っていれば、リスクを取ってチャレンジするべきときを、簡単に見極めることができます。

人間関係についても、自分の直感を信じて決断することができます。つまり、どこまで関係を続けるか、どこで関係を断ち切るかを決められるのです。偶然のできごとと、自分が影響を与えられるできごととが区別できるのです。そして、偶然のできごとにも柔軟に対応できるようになるのです。

「自分を知る力」を育てるアイデア

自分の真の姿を目にする恐怖感を克服したとき、
自分のことがもっともよく分かるだろう
――ウィル・シュルツ

（アイデア1）　師を見つける

あなたが師として信頼できる人を見つけましょう。師とは、経験と知恵であなたを助け、導いてくれる人のことです。

成功した人が、引き続き成功しつづけるのは、経験豊かな師が弟子の成功のために、客観的なアドバイスをするからでもあります。師はまた、あなたの状況が悪くなったとき気づかせてくれ、やりかたを変えるタイミングを教えてくれます。

友人や同僚、家族に自分の弱点について意見を言ってもらうのもよいでしょう。予想以上の成果があるので、少しぐらい嫌なことを言われても心を広く持ちましょう。

〈アイデア2〉 就職活動する

新しい仕事を探すには、まずは、あなたの得意なことを上手に盛り込んだ履歴書を書く必要があります。まずは「私は……」と書き出して、あなたという人間を100字以内にまとめてみましょう。

そして、自信がなくても、求人に応募してみます。面接まで進めば、たっぷりと自分をアピールすることができます。自分がだれで、何をしてきて、どんな長所があり、大切なものは何かを語ることができるのです。この時間を味わうように楽しみましょう。

面接が終わったら、厳しい現実に戻って、ひと息ついて、自分の言動を反省します。自分を厳しく採点し、現段階のありのままの自分をもっと理解するためにこの経験を活かしましょう。

〔アイデア3〕ちょっとした時間を活用して自分を見つめる

バスや電車に乗っている時間や、行列に並んで待たされたりしたら、このちょっとした時間を利用して、自分自身をじっくり見つめてみるのもいいでしょう。次の順番で試してみましょう。

1　人から指摘されたことを、できるだけ多く思い出して書き留めます。

2　一つひとつの指摘が、どれほど根拠があるかを判断します。

3　幼いときにどんな子どもだと言われていたかを書き出します。どんなラベルを貼られていましたか？　実際にそうでしたか？　いまのあなたにもそれが当てはまりますか？　現在もそのラベルが真実であるかのように行動しているでしょうか？

4　いま、自分は人からどんなふうに思われたいか、リストにして書き留めましょう。

5　人からこう思われたいという理想の自分と現実の自分とでは、どのぐらいかけ離れているでしょうか。

6　ノートを用意して、そのノートを「鏡の日記」と名づけます。直接的、あるいは間接的に言われたことを日記にメモしましょう。受け入れられないコメントは外しても構いません。自分のスタイルや振る舞いについて感じたことがあれば、それも書き留めておきましょう。

（アイデア4） 自分の声を聞く

自分がどんな印象を与えているか知るためには、自分の話し方がどんなふうに聞こえているか知ることも大事です。

・最近、自分のメッセージを録音した留守番電話を聞いたのはいつでしょうか。どんなふうに感じたでしょう。ためしに、自分の望む雰囲気に変えてみましょう。

・電話をかけて、自分の話し方を録音してみましょう。食事中や、好きなテレビドラマがちょうど始まったときに、電話がかかってきたら、自分がどんな応対をするか、録音するのもいいでしょう。自分が意図したとおりの印象だったら、問題ありません。

（アイデア5）沈黙の時間を持つ

問題と向き合うときには、電話や人に邪魔されない部屋で、ひとりすわりましょう。紅茶、コーヒー、タバコ、新聞、酒、食べ物、スナック、音楽など気晴らしになるものはいっさい禁止です。

許されるのは、すわる場所や姿勢を変えることだけ。場所が変わると見方が変わるからです。心のなかをからっぽにして、何も考えないようにします。忙しい人にとっては、最初の30分が苦痛に感じられるでしょう。

しかし、そのうちに、新しいアイデアや創造力、解決法がどこからともなく浮かんできます。人はみな自分の心の奥深くに、答えを秘めています。心の奥にしまっておいたかのように、新たな解決法や物の見方に触れることができるでしょう。

このようなプロセスを始めるにあたって、自分の嫌な面や、思い出したくないことを見つけてしまうかもしれないという不安感を抱くでしょう。また、自信のない領域と向き合うことになるかもしれません。でも、知ることこそが、力強い武器になるのだと心に留めておいてください。

（アイデア6） セラピーを試す

セラピーを学んで、自分の身体や心をもっと深く知るのもいいでしょう。次のようなセラピーを試してみましょう。

・カラーセラピー
・気功
・マッサージ
・アロマセラピー、指圧

「自分を知る力」を育てる究極のアイデア

（究極のアイデア1）頭の中で重役会議を開く

心のなかで、あなたの重役を任命しましょう。それぞれの専門で、優秀な人を選んでみましょう。尊敬している知り合いでも、本で読んで知っている人でも、あるいは小説の登場人物でも構いません。

あなたを中心にして、その人たちがテーブルを囲んですわっている光景を思い浮かべます。なにか問題にぶつかったり、決断したりするときには、適任の重役にアドバイスを求め、その答えに耳を傾けるだけでよいのです。

アドバイスにはお礼を忘れずに。もちろん心のなかで質問するのがいいでしょう。ここで大切なことは（他のアイデアと同じですが）、「このやり方で進めていこう、この方法はうまくいく」と信じきることです。

〈究極のアイデア2〉好きな動物を思い浮かべる

好きな動物を3つ挙げてみましょう。好きな順番に書いてみます。とにかくすばやく心にぱっと浮かんだ動物を3つ選びます。その横に、その動物のどこが好きなのか、理由を書き出してみましょう。

回答は次のように解釈できます。

・一番好きな動物：あなたが自分をどのように見ているか
・二番目に好きな動物：他人があなたをどのように見ているか

・三番目に好きな動物：ありのままのあなたの姿

それぞれのギャップはどれだけ大きいでしょうか。好きな理由は似ているでしょうか。この方法を試してみると、どれほど的確に自分を認識しているか分かるでしょう。

（究極のアイデア3）自分を中心に置く

あわただしい日々のなかで、自分を見失ってしまうときがあります。さまざまな役割を果たそうとし、いいところを見せようと精いっぱい努力し続けています。そして、そうやって物事を進めている自分はいったいだれなのかを見失ってしまいます。

そんなとき、自分を取り戻すには、自分を中心に置くことが必要です。それは、バランスを取りもどし、人生のアクシデントに抵抗することなのです。

身体のバランスと精神のバランスは結びついています。これから紹介するトレーニングで、心が安らぎ、地に足がつき、安定感が得られます。

身体のバランス感覚を得るために、まっすぐ立った姿勢で行います。両足を肩幅に開いて、ひざをややゆるめて、肩とひざと足を一直線にします。やさしく身体を揺らして、どの状態でもっともバランスがとれるかの感覚をつかみます。

地下鉄に乗ったら、このトレーニングをしてみましょう。吊り革につかまらずに、ずっと立ちつづけます。いったんバランスがとれれば、揺られながらバランスを失わずに立っていけるようになります。

コツはヘソの奥にある身体の重心に集中することです。そこに身体の全エネルギーを集めているとイメージし集中します。

こうすると、身体が安定して、バランス感覚を高めることができます。これがうまくできるようになると、バランス感覚だけでなく、落ち着きや調和している感覚、そして自信が身につきます。晴れやかな気分になって、身体もゆったりして調子がよくなります。現在の自分以上の自分になれるのです。

ハワイにこんな格言があります。

「海が深く波が荒れても、珊瑚礁は相変わらずしっかりと留まっている」

訳者あとがき

なんという羨むかぎりの成功をおさめているんだろう……世の中には、傍目から見れば、幸運に恵まれて思いどおりの人生を歩んでいるように思える人がいます。

でも、それはたんに運が良かっただけではありません。そのような成功者たちは、人知れず苦労を重ね、勤勉に働き、たゆまぬ努力を続けているものです。自分の力で幸運をつくりだしているのです。そのように自らの運を切り開き、幸運になれるコツを7つの力に分類し、体系づけたものが本書です。

この本は「The Book of Luck」の翻訳です。著者は、ヘザー・サマーズとアン・ワトソン。自ら「幸運のワークショップ」を主催し、ホームページで「幸運の質問チャート」を公開しています。その傍らで、経営コンサルティングやヘッドハンティングなどの人材紹介業も営んでいます。

『ヨークシャー・トゥデー』紙の書評によると、ロンドンとノースヨークシャーのハロゲートを行き来している著者のアンは、ハロゲートではいつも同じ駐車場に車をとめることにしているそうです。アンが街に向かうとき、前向きに考えて空車スペースを思い浮かべると、必ず駐車できるのだといいます。

どういうわけかアンの夫はこんなふうにうまくいきません。もしかして、アンは魔法使い？「奥様は魔女」のサマンサのように鼻をぴくぴくと動かせば、思いどおりになってしまうのでしょうか。そんな、まさか。アンは自ら運に働きかけて、幸運を招き入れているのです。

では、どんなふうに幸運を呼び込めばよいのでしょうか。本書にはそのヒントが満載です。たとえば、災害や事故、病気、失業、家族との別れなどの災難に見舞われた場合、どうしたらいいのでしょう。

「起こってしまったことは変えられないが、出来事への対応のしかたを決めるのは自分である。対応しだいで運は良い方向にも悪い方向にも向く。こういうときこそ、自分という人間をきちんと認識して最良の策を選び、苦境から教訓を学んで将来に活かそう」。この本はこう訴えかけてきます。

まずは、冒頭の「あなたの幸運力判定テスト」に答えて、自分の長所と弱点を知ることから始めましょう。そして、ぜひとも各章で紹介されている「究極のアイデア」を実践してみてください。

私もいくつか試してみましたが、発想の転換になり、物事の見方が変わってきます。これまで気づかなかったことに気づいたり、自分を客観視することができました。

　これはとにかく気持ちが前向きになれる本です。訳している過程で、この本の内容にどれほど励まされたか分かりません。行く手には、希望に満ちた未来が広がるような気になれます。

　最後になりましたが、本書を訳す「幸運」を与えてくださり、訳出作業の間、あたたかく見守ってくださったディスカヴァー・トゥエンティワンの原典宏さんに心から感謝いたします。どうもありがとうございました。

山口羊子

本書は2005年に小社より刊行した『「幸運力」を育てる本』を改題・新装したものです。

幸運な人の7つの力

発行日　2018年　7月30日　第1刷

Author　A・ワトソン & H・サマーズ

Translator　山口羊子
Book Designer　krran（西垂水敦・太田斐子）

Publication　株式会社ディスカヴァー・トゥエンティワン
〒102-0093　東京都千代田区平河町2-16-1 平河町森タワー11F
TEL　03-3237-8321（代表）
FAX　03-3237-8323
http://www.d21.co.jp

Publisher　干場弓子
Editor　原典宏　藤田浩芳

Marketing Group
Staff　小田孝文　井筒浩　千葉潤子　飯田智樹　佐藤昌幸　谷口奈緒美
古矢薫　蛯原昇　安永智洋　鍋田匠伴　榊原僚　佐竹祐哉
廣内悠理　梅本翔太　田中姫菜　橋本莉奈　川島理　庄司知世
谷中卓　小木曽礼丈　越野志絵良　佐々木玲奈　高橋雛乃

Productive Group
Staff　千葉正幸　林秀樹　三谷祐一　大山聡子　大竹朝子　堀部直人
林拓馬　塔下太朗　松石悠　木下智尋　渡辺基志

E-Business Group
Staff　清水達也　松原史与志　中澤泰宏　西川なつか　伊東佑真　牧野類
倉田華　伊藤光太郎　高良彰子　佐藤淳基

Global & Public Relations Group
Staff　郭迪　田中亜紀　杉田彰子　奥田千晶　李瑋玲　連苑如

Operations & Accounting Group
Staff　山中麻吏　小関勝則　小田木もも　池田望　福永友紀

Assistant Staff　俵敬子　町田加奈子　丸山香織　小林里美　井澤徳子　藤井多穂子
藤井かおり　葛目美枝子　伊藤香　常徳すみ　鈴木洋子
石橋佐知子　伊藤由美　畑野衣見　井上竜之介　斎藤悠人
平井聡一郎　曽我部立樹

DTP　アーティザンカンパニー株式会社
Printing　中央精版印刷株式会社

ISBN978-4-7993-2342-7